Gin

Geschichte – Herstellung - Rezepte

Mark Russell

SIE MÖCHTEN AUCH MEHR ÜBER ANDERE LECKERE LONGDRINS ERFAHREN?

DANN HOLEN SIE SICH JETZT MEIN
KOSTENLOSES EBOOK
MIT VIELEN WEITEREN INFORMATIONEN UND LECKEREN REZEPTIDEEN

➔ **GEHEN SIE EINFACH AUF FOLGENDE SEITE:**

HTTPS://MAILCHI.MP/6ECF30BEBA83/GINLOVER

GENIESSEN SIE IHRE ABENDE MIT STIL, GUTEN FREUNDEN UND LECKEREN LONGDRINKS.

Haftungsausschluss

Das Werk inklusive aller Inhalte wurde unter größter Sorgfalt sowie bestem Wissen und Gewissen des Autors erstellt. Der Inhalt dieses Buches repräsentiert die persönliche Erfahrung und Meinung des Autors und dient nur dem Unterhaltungszweck. Der Inhalt sollte nicht mit medizinischer Hilfe verwechselt werden. Der Autor übernimmt keine Verantwortung für die im Buch beschriebenen Ziele Inhalte. Die Benutzung dieses Buches und die Umsetzung der darin enthaltenen Informationen erfolgt ausdrücklich auf eigenes Risiko. Gesundheitliche Folgen, liegen allein im Verschulden des Lesers. Haftungsansprüche gegen den Autor für Schäden materieller, gesundheitlicher oder ideeller Art, die durch die Nutzung oder Nichtnutzung der Informationen bzw. durch die Nutzung fehlerhafter und/oder unvollständiger Informationen verursacht wurden, sind grundsätzlich ausgeschlossen. Rechts- und Schadenersatzansprüche sind daher ausgeschlossen. Der Autor übernimmt jedoch keine Gewähr für die Aktualität, Korrektheit, Vollständigkeit und Qualität der bereitgestellten Informationen. Druckfehler und Falschinformationen können nicht vollständig ausgeschlossen werden. Es kann keine juristische Verantwortung sowie Haftung in irgendeiner Form für fehlerhafte Angaben und daraus entstandenen Folgen Autor übernommen werden.

Impressum

1. Auflage

Kontakt: Sven Krieg - 76593 Gernsbach
risingman@frenet.de
Covergestaltung: germancreative
Beim Autorennamen handelt es sich um ein Pseudonym.

http://www.risingman.de/

Inhaltsverzeichnis

Vorwort

Lieber Leser,

mit diesem Buch nehme ich Sie mit auf eine spannende Reise durch die Geschichte des Gins und vielen weiteren interessanten Fakten rund um die Entstehung und Herstellung. Des Weiteren, werde ich Ihnen die wichtigsten Gin Sorten genauer erklären und Ihnen wichtige Charakteristika erläutern. Im Nachgang folgen 30 Gin Rezepte, die sowohl echte Klassiker, aber auch richtige Exoten enthalten.

Lassen Sie sich auf diese Reise ein. Genießen Sie einen leckeren Gin während dem Lesen dieses Buches und lehnen Sie sich entspannt zurück.

Ich wünsche Ihnen viel Spaß beim Lesen.

Alles was Sie über Gin wissen sollten

Beim Gin scheiden sich die Geister – wegen seines herben Geschmacks nach Wacholder und teilweise vielen anderen natürlichen Kräuteraromen wird er entweder geliebt oder gehasst. Für die einen ist er eine hervorragende Zutat für Cocktails, der wegen des herben Geschmacks vor allem von Männern getrunken wird, für die anderen ist er ein Billigfusel, den man mischen muss, um ihn genießen zu können. Aber gerade seine Vielseitigkeit macht den Gin zu einem spannenden Getränk für Liebhaber von Cocktails, Longdrinks oder Mixgetränken. Seine unglaubliche Geschmacksvielfalt verschafft dem Gin gerade eine Renaissance. Das war allerdings nicht immer so.

Dem Gin haftete lange ein Image eines Armeleute- oder Soldatenschnapses an, nicht zuletzt wegen des intensiven Aromas von Wacholder, der in früheren Zeiten billigen Schnäpsen und im Mittelalter sogar Weinen zugesetzt wurde, um den Geschmack von Fuselölen oder Essig zu übertünchen. Erst als sich die Herstellungsmethoden verfeinerten und neue Steuern den bis dahin billigen Gin verteuerten und damit exklusiver machten, erlebte das Getränk einen ersten Modetrend, befördert durch die Anweisung der mächtigen Offiziere der britischen Marine, statt Rum in die Standardverpflegung Gin aufzunehmen. Diese bekamen allerdings nur die höheren Ränge. Die einfachen Matrosen bekamen weiterhin den billigeren, einfach gebrannten Rum. Ende des neunzehnten Jahrhunderts wurde die positive Wirkung von Zitronen auf die gefürchtete Seefahrerkrankheit Skorbut (hervorgerufen durch extremen Vitamin-C-Mangel) erkannt und der vorgeschriebene Konsum von Zitronensaft wurde durch das Mixen mit Gin erleichtert. So entstanden die ersten Mixgetränke wie Gin Fizz oder Gin Sling.

Heimgekehrte Seefahrer brachten den Gin dann in die adligen und bürgerlichen Familien mit und so war das schlechte Image des Gins Vergangenheit. Später wurde dem Gin noch das Chinin als Malariaprophylaxe beigefügt und der Gin etablierte sich von da an insbesondere als Gin Tonic als schicker Sundowner in den Kolonien des britischen Commonwealth und anderen Gesellschaften, die die coole und weltläufige Kolonialeleganz der Briten nachahmen wollten.

Eine kurze Geschichten des Gin

Gin ist seit einigen Jahren wieder in aller Munde und zu einem richtigen „In-Getränk“ gehört natürlich auch eine Geschichte. Die Erfindung des Gins wird heute allgemein dem holländischen Doktor Franciscus Sylvius de la Boë zugeschrieben, der im 16. Jahrhundert den ersten Wacholderschnaps namens „Genever“ als Medizin gegen alles Mögliche entwickelte. .Er stellte fest, dass Wacholderbeeröl gegen Magen- und Nierenleiden helfen konnte und setzte es erfolgreich zur Behandlung ein. Einen großen Nachteil hatte das Öl allerdings: es war so bitter, dass es kaum genießbar war. Vermischt mit neutralem Alkohol wurde es dann schnell zu einer genießbaren und heilsamen Medizin, gemessen an dem damaligen Kenntnisstand. Dieses Gemisch verwendete er gemäß der damaligen Kenntnis insbesondere gegen Fieberanfälle und es wurden ihm harntreibende Eigenschaften zugeschrieben, eine sehr wichtige Eigenschaft in der Zeit, in der die Medizin zum größten Teil im „Ausgleich der Körpersäfte“ jedwede Lösung fand. Da auch der Geschmack großen Anklang fand, war ein neues Getränk für die Massen geboren.

Im Verlauf des Krieges der Briten gegen die Holländer erlangte der Gin auch eine hohe Popularität im Vereinigten Königreich, da die oftmals unterlegenen Engländer die Kampfkraft der Niederländer dem Getränk zuschrieben, das die holländischen Soldaten vor der Schlacht aus kleinen Flaschen schluckweise tranken – den Genever. Schnell war ein neuer Name für das Getränk gefunden: „Dutch Courage“(holländischer Mut) und der Wacholderschnaps trat seinen Triumphzug auf der britischen Insel an. Der Schnaps wurde in England als „Geneva“, kurz Gen bekannt, der sich später in Gin wandelte. Schnell wurde der Gin auch über die britischen Inseln hinaus bekannt, denn er war billig und ließ sich mit verschiedenen Zutaten einfach aromatisieren. Die Herstellung war sehr einfach und erschwinglich und so wurde der Gin das Getränk der Massen. Gefördert wurde das durch einen Beschluss des englischen Parlaments im Jahr 1690, durch den auch Privatpersonen das Brennen von Gin gestattet wurde.
Traditionell wird Gin aus Getreidemaische gewonnen, während in der zweiten Destillation Wacholderbeeren zur Aromatisierung beigegeben werden. Zusätzlich dürfen der Maische bis zu 50 verschiedene pflanzliche Aromen zugegeben

werden, teilweise bereits der Maische zugesetzt und teilweise in der zweiten Destillation zugefügt. Jeder Hersteller hat so sein eigenes Rezept, man könnte fast sagen: Seine künstlerische Freiheit beim Brennvorgang, welche den Gin bei aller Gemeinsamkeit so unglaublich vielseitig macht. Als Alternativmethoden zum Brennen mitsamt den Gewürzen wird auch die Technik der Mazeration oder der Perkulation verwendet. Bei der Mazeration legt man die aromagebenden Gewürze zwischen 10 –12 Wochen in den Alkohol nach der ersten Destillation ein, bevor man die zweite Destillation startet. Bei der Perkulation werden die beim Destillieren aufsteigenden alkoholischen Dämpfe durch die Wacholderbeeren und zusätzlichen Gewürze geleitet, wo sie vor der Kondensierung den Geschmack der Zutaten annehmen. Das ist die originale Technik bei der Herstellung des Gins. Zusätzlich gibt es noch die Möglichkeit, den reinen Gin durch das Zusetzen von ätherischen Ölen zu aromatisieren. So dürfte es auch ursprünglich der holländische Arzt gehalten haben.

Wie wird Gin hergestellt?

Grundsätzlich ist Gin erst einmal eine klare Spirituose, die mindestens 37,5% Volumenprozent Alkohol enthalten muss, das ist durch den Gesetzgeber vorgeschrieben. Gins guter Qualität können aber durch aus schon mal einen Alkoholgehalt von 40% und mehr aufweisen. Jeder Hersteller hat sein eigenes – teilweise streng gehütetes – Rezept, wie der neutrale Alkohol aus der Maische aromatisiert wird und seinen typischen Geschmack erhält. Eine weitere gesetzliche Vorschrift ist es, dass der Gin nur mit natürlichen Zutaten und ohne künstliche Aromen oder Farbstoffen hergestellt werden darf. Als Geschmacksgeber kommen Gewürze, Kräuter, Beeren, Samen, Rinde von Sträuchern oder Bäumen, Früchte oder deren Schalen, Kräuter und Wurzeln bei der Herstellung des Gins zum Einsatz.
So erhält jeder Gin nach Art der Zusätze und der Destilliermethode seinen individuellen Geschmack. Grundsätzlich ist nach wie vor nach alter Tradition Wacholder die wichtigste Zutat bei der Ginherstellung, aber auch Koriandersamen sind sehr häufige Zutaten. Oft werden auch Schalen von Zitrusfrüchten, meist Zitronen- oder

Orangenschalen, zur Aromatisierung des Gins verwendet.
Weitere verwendete Zutaten, genannt Botanicals, sind Kümmel, Fenchel, Anis, Zimt, Kreuzkümmel, Veilchenwurzel, Lakritz, Iris- und Engelswurz, Kardamom, Ingwer, Calamus, Kubebenpfeffer, Bohnenkraut, Mandeln, Muskat und Rosmarin, die dem Gin sein Aroma verleihen.
Außerdem finden sich in verschiedenen Ginsorten auch diese Zutaten: Wacholderbeeren Limetten- oder Grapefruitschalen, Paradieskörner, Süßholz (die Basis von Lakritze), Preiselbeeren, Tannennadeln, Fichtensprossen, verschiedene Blütenblätter wie zum Beispiel von Rosen oder Robinien, aber auch Gemüse wie Paprika oder Gurke. Auch Hagebuttenschalen, Zitronengras, Zitronenmelisse, Kamille, Salbei, Rosmarin, Thymian, Gewürznelken, Piment oder Jasmin kommen zur Verwendung.
Die meisten Gins werden mit 6 – 10 dieser Zutaten aromatisiert, aber auch bis zu 50 verschiedene Kräuter – und Fruchtauszüge können in speziellen Gins verwendet werden, wie bei der Sorte Monkey 47, die – wie der Name schon sagt – ganze 47 Botanicals als Zutaten enthält.
Nach der Anreicherung des Alkohols mit den Botanicals ist die Herstellung des Gins aber noch

lange nicht abgeschlossen. Der angereicherte Alkohol wird erneut in Brennblasen erhitzt und steigt als Dampf auf. Anschließend wird der Alkohol abgekühlt und hier zeigt sich die Meisterschaft des Brenners: Er muss nämlich den guten sogenannten „Mittellauf“, das Herzstück des Alkohols, von den minderwertigen Vorläufen und Nachläufen trennen, die oft Fuselalkohole oder zu bitteren Geschmack enthalten.
Eine weitere Methode, den Geschmack zu beeinflussen, ist die anschließende Lagerung des fertigen, aber noch zu jungen Gins. Der Alkohol wird auf „Trinkstärke“ verringert, meist zwischen 40 – 50% Alkoholgehalt. Dann muss der Gin noch mehrere Monate reifen, damit sich der Geschmack entwickelt und die Aromen sich zum Endprodukt Gin verbinden.
Diese vielseitigen Möglichkeiten der Herstellung machen den Genuss von Gin so interessant und vielseitig – kaum eine Spirituose kann so viele Facetten aufweisen. Für den Geschmack sind neben der Maische, der Destilliermethode und der Art der Lagerung auch das Land, in dem der Gin hergestellt wird und sogar die Höhe über dem Meeresspiegel wo der Gin hergestellt wird, verantwortlich.
Die gesetzlichen Regelungen sind recht weit gefasst, so darf Gin aus jedem natürlichen

Ethylalkohol landwirtschaftlichen Ursprungs hergestellt werden. Als Basis kann wie beim Bier brauen eine Getreidemaische – meist aus Gerste, Mais oder Weizen – oder eine Maische aus Zuckerrüben zum Gären gebracht werden. Auch Kartoffelmaische oder Trester sind als Basis denkbar. Die gegorene Maische wird dann in großen Brennblasen destilliert, wodurch man hochprozentigen, reinen und neutralen Alkohol gewinnt. Dieser Alkohol hat zunächst einmal keinen Geschmack, weswegen er durch die weiter oben schon angedeuteten Methoden aromatisiert werden muss. Hauptbestandteil jedes Gins ist jedoch zwingend die Wacholderpflanze bzw. Wacholderbeere. Um die Aromen in den Gin zu bekommen, gibt es mehrere Möglichkeiten, die einzeln oder kombiniert angewandt werden können.
Der einfachere Weg ist es, die Zutaten gleich zu Beginn des Brennvorgangs der Maische zuzufügen und zusammen zu brennen. Die Aromen gehen dadurch direkt in die Maische und durch den Brennvorgang in den Alkoholdampf über. Eine andere Möglichkeit ist es, die Zutaten in große Körbe über der Maische zu befestigen. Die aufsteigenden Dämpfe durchdringen die Körbe mit den aromatischen Zutaten und nehmen dadurch den Geschmack der Kräuter und

Gewürze an. Alle Methoden können sowohl einzeln als auch kombiniert angewandt werden. Hier einmal die detaillierte Beschreibung der drei Methoden, den Geschmack in den Gin zu bekommen.

Mazeration (der Kaltauszug)

Die Mazeration wird im allgemeinen „Einlegen“ genannt, das heißt die aromagebenden Substanzen werden dem in der ersten Destillation gewonnenen neutralen Alkohol zugegeben und mehrere Wochen eingelegt. Damit die Pflanzen oder Kräuter ein Maximum von Aroma abgeben, werden sie entweder ausgepresst oder nur zerkleinert, bevor sie dem Alkohol zugegeben werden. Je nach Art und Größe der Zusätze werden diese einfach in den Alkohol gegeben oder in feine Netze gepackt in den Alkohol gehängt. Nach der Einwirkzeit wird der Alkohol gefiltert und verdünnt.

Digestion (der Heißauszug)

Die zweite Möglichkeit, den Gin zu aromatisieren, ist die sogenannte Digestition, bei der der Alkohol zusammen mit den aromagebenden Zutaten auf ca. 70 Grad erhitzt. Die ätherischen Öle lösen sich und gegen dabei in den Alkohol über. Das Ergebnis ist das gleiche wie bei der Mazeration, wird aber wesentlich schneller erreicht. Wichtig ist dabei allerdings, dass der Siedepunkt des Alkohols, der bei etwa 78 Grad liegt, nicht überschritten wird, weil sonst der Alkoholgehalt leidet.

Perkulation (Mehrfacharomatisierung)

Die Perkulation ist die aufwendigste Form der Aromatisierung des Gins und wird daher hauptsächlich für hochwertige Ginsorten verwendet.
Bei dieser Methode wird das aufsteigende Alkohol- und Wasserdampf Gemisch durch mehrere Siebe geleitet, in die die Wacholderbeeren und die Gewürze platziert wurden. Der Alkoholdampf, der beim Destillieren aufsteigt und die Siebe durchdringt, absorbiert dabei die Aromen der Zutaten in den Sieben. Alternativ kann der flüssige, noch heiße Alkohol über die Siebe mit den Zutaten laufen gelassen werden. Nur mit der Perkulationsmethode aromatisierter Gin darf sich “Distilled Gin” nennen, weil nur dieses Verfahren als das offizielle und traditionelle Verfahren der Aromatisierung anerkannt wird.
Die beiden Verfahren der Perkulation gelten allgemein als die sanftesten der Aromatisierung und der Geschmacksentwicklung, aber auch die teuersten.

Eine besondere Herstellungsmethode wird bei bestimmten Gin Sorten im Süden Frankreichs angewendet. Hier wird der Gin im sogenannten Bain Marie – im deutschen bekannt unter Wasserbad – Verfahren hergestellt. Hier wird die Brennblase aus Kupfer nicht direkt, sondern im Wasserbad erhitzt, was die Erhitzung schonender, langsamer und gezielter steuern lässt. Diese Methode garantiert besonders hohe Qualitäten der Destillate und ist besonders aufwendig – und das Endprodukt natürlich auch besonders teuer.

Fakten über Gin

Ein zum Verkauf bereiter Gin muss in Europa und der Schweiz mindestens 37,5% Alkohol enthalten. Gins besserer Qualität weisen jedoch meist einen höheren Alkoholgehalt auf und schmecken dadurch „runder". Auch für den Export gekennzeichneter Gin hat oft einen höheren Alkoholgehalt, meist zwischen 40 – 43%. Die Philippinen haben weltweit sowohl den höchsten Anteil an der Gin Herstellung als auch am Pro-Kopf-Verbrauch von Gin.
Für Gin gibt es auch die Bezeichnung „Navy Strength", die einen Alkoholgehalt von mindestens 57% vorweisen muss. Der Hintergrund dieser Bezeichnung war, dass Gin und Rum in früheren Zeiten ein gängiges Zahlungsmittel bei der Marine waren und daher diese Art von Währung stets einen zuverlässigen und gleichbleibenden Wert haben sollte.

Die Lagerung von Gin

Ein guter Gin, der schon mal 20 Euro und darüber kosten kann, verlangt natürlich auch nach bestimmten Regelungen, wie man ihn idealerweise lagert. Die Flaschen sollten stehend gelagert werden. Schädlich ist vor allem der Einfluss von Wärme, der nicht nur das Aroma leiden lässt, sondern auch den Alkoholgehalt beeinflusst. Idealerweise sollte der Gin bei um die 10 Grad gelagert werden, also im Keller oder – falls dieser nicht vorhanden – lieber im Kühlschrank. In jedem Fall sollte der Gin aber dunkel aufbewahrt werden. Helles Licht oder gar direkte Sonneneinstrahlung können sich negativ auf das Aroma auswirken.

Ist die Gin Flasche einmal geöffnet, sollte sie auf jeden Fall immer gut verschlossen werden. Auch wenn man gerne mehrere Sorten gleichzeitig trinkt (oder probieren möchte) macht es mehr Sinn, lieber die verschiedenen Sorten hintereinander zu probieren als gleichzeitig viele Flaschen zu öffnen, die dann womöglich monatelang offen im Schrank stehen. Hier ist es besser, lieber wenige Flaschen zu öffnen und diese dann schneller zu verbrauchen. Bei der Vielseitigkeit des Gins als Basis unzähliger

Mixgetränke und Cocktails dürfte das allerdings eher ein kleines Problem darstellen.

Gin als Medizin – mehr als ein Hirngespinst?

Natürlich ist der Gin zuallererst ein Szenedrink für Partys und coole Lounges, aber ursprünglich war Gin schließlich eine Medizin und galt in früheren Jahrhunderten als wahre Wunderwaffe gegen alle möglichen Wehwehchen. In Maßen genossen kann Gin durchaus auch bei kleineren gesundheitlichen Problemen von Vorteil sein.
So wirken sich die in der Hauptzutat Wacholderbeere enthaltenen sekundären Pflanzenstoffe (Flavonoide) positiv auf das Herz-Kreislaufsystem aus und können so das Immunsystem stärken (natürlich nur in Maßen).

Wer als Diabetiker nicht auf ein Gläschen Alkohol verzichten möchte, sollte am besten zu Gin greifen. Diabetes Typ 1 Patienten dürfen sich, wenn es in den Plan passt, wegen des sehr niedrigen Zuckergehalts durchaus einmal etwas Gin erlauben. Als Mixgetränk muss man dann natürlich wieder auf die Zutaten achten.

Durch den Alkoholgehalt und die zugesetzten Kräuter wirkt Gin antibakteriell und desinfizierend – innerlich und äußerlich.

Gin, nach dem Essen genossen, fördert die Verdauung und hilft gegen Blähungen.
Nach einer durchfeierten Nacht kann ein eiskaltes Mixgetränk mit Gin die schlimmsten Auswirkungen eines ausgewachsenen Katers lindern.
Ist dem Gin Chinin zugesetzt, gilt er als probates Mittel gegen Fieberschübe und Malaria. Auch wird ihm dann eine Wirkung gegen Husten und Lungenprobleme allgemein nachgesagt.
Diese Ratschläge ersetzen natürlich nicht den Gang zum Arzt, können aber leichte Beschwerden, wegen denen man sich nicht stundenlang ins Wartezimmer setzen möchte, erleichtern.

Die wichtigsten Gin Sorten im Überblick

Auch wenn es unzählige Varianten gibt, unterteilt man Gin grob in 12 Sorten, die sich wiederum in viele verschiedene Untersorten und Herstellungsarten unterteilen. Dieser Ratgeber soll Ihnen einen Überblick über die wichtigsten und gebräuchlichsten Sorten verschaffen.

Wie schon erwähnt, darf laut Gesetzgeber Gin aus jedem natürlichen Alkohol hergestellt werden und darf nur natürliche Zusätze enthalten. In der EU gibt es die zusätzliche Regelung, dass Wacholder der vorherrschende Geschmack sein muss und der Gin mindestens 37,5% Alkohol enthalten muss.

Die Europäische Union hat 2008 in einer Spirituosenverordnung die offiziellen Gin Sorten in Europa festgelegt und nach Herstellungsprozess unterschieden. Es ist ausdrücklich keine geschmackliche Einteilung, sondern nur eine Einteilung nach der Art der Herstellung.
Diese Gin Sorten sind die wichtigsten, die Sie auf jeden Fall kennen sollten:

London Dry Gin

Die am meisten produzierte und getrunkene Gin Sorte ist der „London Dry Gin“. London ist hierbei aber keine Herkunftsbezeichnung, wie man das bei anderen Lebensmittel mit Ortsangabe kennt, sondern steht nur für eine bestimmte Art der Herstellung, unabhängig davon, wo der Gin hergestellt wird.
Von allen Gin Sorten gelten für den London Dry Gin die restriktivsten Vorschriften für die Herstellung, es ist also vergleichbar mit der Bierherstellung eine Art von „Reinheitsgebot“. Außerdem muss der Herstellungsprozess von echtem London Dry Gin mindestens drei Destillationsvorgänge aufweisen. Ein Augenmerkt liegt auch auf der Qualität des Agraralkohols, der nicht mehr als 5 gr pro Hektoliter Methanol erhalten darf, was den London Dry Gin trotz seiner Herbheit bekömmlicher als andere Sorten macht.
Für diese Gin Sorte müssen alle Zutaten zu Beginn direkt in die Maische gegeben werden oder in einem Sieb oberhalb des Brennkessels aufgehängt werden. Erst danach erfolgen die verschiedenen Brennvorgänge. Es ist untersagt, dem London Dry Gin später Aromen oder Farbstoffe gleich welcher Art zuzufügen. Der

Hersteller darf hierzu ausschließlich aus einem Katalog mit 120 natürlichen Zutaten auswählen. Auch Zucker – wie die Bezeichnung Dry schon vermittelt, darf nur in ganz geringem Umfang zugegeben werden. Die Menge des zugesetzten Zuckers darf 0,1% pro Liter des fertigen Getränks nicht übersteigen.
Eigentlich sollte der London Dry Gin eine deutliche und intensive Wacholdernote aufweisen, aber es gibt viele Gins, die andere Aromen stärker betonen. Die Bezeichnung London Dry Gin ist daher nicht unbedingt geeignet, einen bestimmten Geschmack zu beschreiben – außer dass er eben eher herb und trocken ist, wie die Bezeichnung „Dry“ nahe legt.

Dry Gin

Eine weitere wichtige Sorte ist der Dry Gin ohne den Zusatz London. Diese Ginsorte hat weitaus geringere Vorgaben für den Herstellungsprozess. Der Gin darf zu jeder Zeit des Herstellungsprozess mit Aromen versetzt werden, auch dürfen „naturähnliche“, sprich künstliche, Aromen und Farbstoffe zugegeben werden. Einzig der Zusatz von Zucker ist bei der Herstellung von Dry Gin untersagt. Für die Herstellung von Dry Gin sind zwei Destillationsvorgänge vorgeschrieben. Es dürfen maximal 0,1% Süßungsmittel pro Liter des fertigen Dry Gins zugegeben werden.
Dry Gin ist ein häufiger Grundstock zum Mixen von Cocktails oder Longdrinks. Er ist im Geschmack eher bitter und trocken. Der dominierende Geschmack ist hier meistens Wacholder in Kombination mit den Aromen von Zitrusfrüchten.

Plymouth Gin

Im Gegensatz zum London Dry Gin ist die Bezeichnung Plymouth Gin eine geschützte Herkunftsbezeichnung, die aber 2016 aufgehoben wurde. Nur Gins aus der Hafenstadt im Südwesten Englands durften diesen Namen führen.
Bis zum Beginn des 19. Jahrhunderts war die Seefahrerstadt Weltmarktführer bei der Ginherstellung, aber einzig die Black Friars Distillery, die seit 1793 in Betrieb ist und 2008 in den Besitz der französischen Brennerei Pernod Ricard übergegangen ist, stellt den Plymouth Gin noch nach dem Originalrezept her. Plymouth Gin ist einer der beliebtesten Gin Sorten und wurde bei Wettbewerben mehrfach ausgezeichnet. Der Plymouth Gin war viele Jahre der bevorzugte Gin der Britischen Marine.
Der Plymouth Gin wird laut der traditionsreichen Black Friars Distillery aus 7 verschiedenen Pflanzenarten unter ausschließlicher Verwendung des weichen Wassers aus Dartmoor destilliert. Auf bittere Aromazusätze wird verzichtet und der Anteil an Wacholder ist deutlich geringer als beim London Dry Gin und beim Dry Gin. Daraus ergibt sich ein weicher, erdiger Geschmack, was den Gin ideal zum Genießen pur und auf Eis macht.

Der Plymouth Gin schmeckt sehr rund und harmonisch.

Old Tom Gin

Wie der Name des Old Tom Gin schon nahe legt, handelt es sich bei diesem Gin um eine der ältesten Varianten des Kultgetränks. Old Tom steht für die typisch englische Geschichte, auch wenn die Wurzeln des Getränks im Genever, der im 15. Jahrhundert in den Niederlanden als Medizin entwickelt wurde, liegen. In England erfuhr der Old Tom Gin eine grundlegende Wandlung vom Arzneimittel zum Genussmittel. Wie es sich nach damaliger Überzeugung für ein wirksames Arzneimittel gehörte, musste dieses sehr bitter schmecken, um seine Wirksamkeit zu beweisen. Allerdings war er bei der Hausbrennerei, die oft ohne jegliche Sachkenntnisse erfolgte, oft so bitter, dass er fast ungenießbar war. Dieser bittere Geschmack wurde durch Zugabe von Zucker übertüncht. Old Tom Gin ist daher streng genommen auch heute noch Gin mit zugesetztem Zucker. Heutzutage ist der Old Tom Gin zwar bei weitem nicht mehr so bitter wie in alten Zeiten, aber Zucker wird dennoch zugesetzt. Auch der Old Tom Gin wird drei Mal destilliert, hat aber auch einen höheren Alkoholgehalt von 40 – 47%. Durch seine Süße lässt er sich aber besser pur genießen.

Auch die eher fruchtigen und lieblichen Geschmacksnoten machen den Old Tom Gin zu einer beliebten Grundlage für fruchtige und weiche Cocktails und Longdrinks.
Old Tom Gin erhält oft auch eine leicht holzige Note durch die Lagerung in Holzfässern, die in der Geschichte des Gins begründet sind: als der Old Tom Gin erfunden wurde, gab es noch keine Lagerung von Alkohol in Glasflaschen, sondern der Gin wurde nur in Holzfässern gelagert und transportiert.
Auch der Name Old Tom Gin ist in der Geschichte des Alkohols in England begründet: Im 18. Jahrhundert wurde der Verkauf von Gin zeitweise verboten. Viele Pubs stellten vor den Eingang eine Katzenstatue, genannt Tomcat. Dieser konnte man heimlich etwas Geld ins Maul werfen und der Wirt goss von der anderen Seite etwas Gin in einen speziellen Ausguss. Der Gin floss dann zu Füssen der Katzenstatue aus und konnte damit abgezapft werden.

New Western Dry Gin

Wie der Name schon nahe legt, ist die Sorte „New Western Dry“ eine ganz neue Sorte auf dem Gin Markt und interpretiert das Kultgetränk auf ganz eigene Art und Weise.
Die Beliebtheit des Wacholderaromas ging in der Zweiten Hälfte des vergangenen Jahrhunderts stark zurück und darunter litt auch die Beliebtheit des Gins. Auch wenn die EU einen deutlichen Wacholdergeschmack vorschreibt und es unter Fans viele Diskussionen gibt, ob es sich beim New Western Dry Gin überhaupt noch um Gin im wahrsten Sinne des Wortes handelt, erfreut er sich zunehmender Beliebtheit. Jede Brennerei hat inzwischen andere Aromen als Hauptzutat erkoren. Die Varianten bei dieser Sorte sind ungezählt.
Wie beim London Dry Gin lässt sich der New Western Dry Gin nicht als Geschmacksrichtung, sondern eher als Herstellungsweise beschreiben. Es gibt quasi keine gemeinsame Geschmacksnote dieser Sorte. Erfahrene Ginliebhaber können diese Sorte am fehlenden Wacholderaroma erkennen, da dieses nicht im Vordergrund steht. Die Bandbreite an Geschmacksrichtungen ist sehr breit gefächert, grundsätzlich ist der New Western Dry Gin eher

lieblich, der Geschmack allerdings trotzdem eher herb. Das macht den Gin ideal als Basis für leichte Cocktails und Longdrinks. Den New Western Dry Gin zeichnet eine Vielfalt von verwendeten Aromen aus, destilliert wird diese Gin Sorte meist zwei Mal. In der Süße liegt der New Western Dry Gin zwischen dem London Dry Gin und dem Old Tom Gin, weswegen er in der Bar durchaus eine Ergänzung zu diesen beiden Sorten bieten kann und eine zusätzliche Bandbreite für Mixgetränke mit Gin schafft.

Reserve Gin

Einige Herstellern lassen Gin nach der Fertigstellung unverdünnt noch einige Zeit ruhen, oft in neutralen Steingut- oder Metallfässern, damit sich die Aromen besser entfalten können. Erst danach wird er verdünnt, in Flaschen gefüllt und kommt in den Handel.
Ein neuer Trend ist dagegen der Reserve Gin. Dieser wird in Holzfässern, oft z.B. auch in alten Brandyfässern gelagert, sodass der Gin das Aroma des Fasses aufnehmen kann. Je nach Art des Fasses beeinflusst das nicht nur den Geschmack, sondern auch die Farbe. Zusätzlich treibt diese Art der Lagerung auch den Preis nach oben.
Ursprünglich wurden nur Alkoholika wie Whisky, Brandy oder Cognac in Holzfässern gelagert und gereift, aber immer häufiger experimentieren gerade kleinere und exklusivere Brennereien mit der Lagerung von Gin in Holzfässern. Hier ist allerdings Fingerspitzengefühl gefragt: Anders als zum Beispiel beim Cognac oder Whisky, der umso besser wird, je länger er im Fass reift, gehen bei zu langer Lagerung im atmungsaktiven Holzfass die feinen Kräuteraromen des Gins verloren. Eine kurze, sachgerechte Lagerung des Gins in einem Holzfass kann aber ganz neue,

spannende Geschmacksvarianten bringen.
Meistens sind die verwendeten Holzfässer aus Eiche und eher klein, damit möglichst viel des Getränks mit dem Holz in Kontakt kommt. Die Färbung dieses Gins ist verhältnismäßig dunkel, im Gegensatz zu den eher klaren anderen Ginsorten.
Daher unterscheidet sich der Reserve Gin nicht nur aufgrund der bei der Herstellung verwendeten Botanicals, sondern auch durch das Fass, in dem er nach der Herstellung noch gelagert wird. Hier wird viel kreativ und experimentell gearbeitet, so mit Fässern aus verschiedenen Hölzern oder alten Fässern, in denen zuvor Sherry, Cognac oder Bourbon gelagert wurde. Dadurch erhalten die Reserve Gins eine holzige Note und einen Hauch der vorher in den Fässern gelagerten Spirituosen. Auch die zunehmend beliebten Raucharomen oder gar Teeraromen sind denkbar, Geschmacksrichtungen, die durch die Zugabe von Botanicals im Herstellungsprozess so nicht möglich sind.
Noch sind nicht sehr viele Reserve Gins aus der Lagerung im Holzfass erhältlich, aber da sich diese Gin Sorte zunehmender Beliebtheit erfreut, dürfte sich das in den kommenden Jahren ändern.

Genever

Genever ist kein Gin im klassischen Sinne, sondern eher der Urvater des Gins. Er wird heute hauptsächlich in den Niederlanden und in Belgien getrunken. Gin und Genever unterscheiden sich in der Herstellungsweise. Beim Genever ist die Ausgangsbasis eine Getreidemaische, der sogenannte „Malt Wine“. Diese Maische wird längere Zeit gelagert und dann wird ein Destillat zugesetzt, während vor der Herstellung von Gin die Destillation der Maische steht. Beim Genever wird die Maische aber im Gegensatz zum Gin, wo auch Kartoffeln, Äpfel oder Weintrauben als Maische-Ansatz dienen können, immer aus reiner Getreidemaische hergestellt, meist aus Weizen, Gerste oder Roggen.
Beim Genever gibt es keine Einschränkungen bei den Zugaben.
Bei der Untersorte Grain Genever werden ausschließlich Getreideprodukte bei der Herstellung des Destillats verwendet. Malt Wine Genever hingegen weist einen höheren Anteil von Maische hin.
Genever gilt als Nationalgetränk der Niederländer – der Genuss von „Nieuve Haring“ also jungem Hering, ist ohne einen Genever schlichtweg undenkbar.

Wem Gin zu herb ist, der findet vielleicht beim Genever das Richtige. Genever ist wesentlich süßer und malziger, der Geschmack weicher und runder. Während viele Ginsorten sehr herb oder sogar bitter sein können, wird der Kräutergeschmack beim Genever durch den hohen Anteil an Getreide abgemildert.

Compound Gin oder Bathtub Gin

Streng genommen ist diese Ginsorte nur ein "Aufgesetzter" – also im Prinzip ein Kräuterschnaps, den man selbst zuhause ansetzen kann. Es handelt sich hier um keinen „Distilled Gin" – da hier nichts gebrannt oder destilliert wird, sondern neutraler Agraralkohol mit verschiedenen Botanicals gemixt wird und dann nach einer bestimmten Ziehzeit abgefiltert wird. Wird hier nicht ordentlich gearbeitet, wird das Endergebnis oft trüb und der Geschmack instabil, da die verbleibenden Schwebstoffe ihre Aromen weiterhin an den Alkohol abgeben und diesen verändert. Daher ist dieser Gin sicherlich die unpopulärste Sorte und soll hier nur der Vollständigkeit halber erwähnt werden.

Die Möglichkeiten verschiedene Ginsorten zu entdecken oder zu verkosten sind schier unbegrenzt. Selbst bei der Farbe wird experimentiert. So sind bunte Gins schwer im Kommen, außer dem London Dry Gin darf nämlich jeder anderen Ginsorte alles Mögliche zugefügt werden, also auch Farbe. Hierbei kann es sich um natürlich färbende Gewürze und Aromen handeln, so wie zum Beispiel Safran, frischer Hanf oder Schlehen, die den Gin nicht nur gelb, grün oder dunkelrot färben, sondern auch den Geschmack ändern.

Für die meisten Gin-Puristen sind allerdings die Farbstoffen ein No Go, höchstens die orangene Farbe aus edlem Safran oder die bräunliche Verfärbung beim Reserve Gin sind akzeptabel.

Gin Rezepte

Im Folgenden werde ich Ihnen 30 verschiedene Gin Rezepte aufführen. Sie werden richtige Gin Klassiker kennenlernen, aber auch echte Exoten. Lassen Sie sich ein, auf eine Reise durch viele verschiedene Geschmacksrichtungen und Gin Varianten. Scheuen Sie sich nicht, auch einmal ungewöhnliche Gin Varianten auszuprobieren, denn vielleicht ist ja gerade unter diesen ihr Favorit enthalten.

Probieren Sie also gerne die im Folgenden aufgelisteten Rezepte aus, aber natürlich nicht alle direkt nacheinander. Auch wenn die Verlockung groß ist, es handelt sich hierbei immer noch um ein Alkoholisches Getränk, dass im Übermaß nicht gut für Ihren Körper sein wird. Erinnern Sie sich also daran, den Gin stilvoll zu genießen.

Kreieren Sie auch gerne einmal eigene Gin Variationen – Ihrer Fantasie sind keine Grenzen gesetzt.

Gin Tonic – Der Klassiker

5 cl Gin

15 cl Tonic Water

1 frische Limette

1 kleine Prise Salz

3 Eiswürfel

- Die Limette Vierteln und mit den Eiswürfel in ein hohes Cocktailglas geben.
- Anschließend Gin und die Prise Salz dazugeben.
- Jetzt mit Tonic Water auffüllen.

Dieses leichte Getränk ist der absolute Klassiker und allseits beliebt. Gin Tonic wird zwar schon seit Jahren immer gerne getrunken, erfreut sich aber auch in jüngerer Vergangenheit immer größerer Beliebtheit.

Gin Fizz

5cl Gin

3 cl frisch gepresster Zitronensaft

2 cl Zuckersirup

10 cl gekühltes Soda

3 Eiswürfel

Eine Zitronenscheibe zur Dekoration

- Geben Sie das Eis, den Gin, den Zuckersirup und Zitronensaft in einen Shaker und schütteln Sie kurz durch.
- Jetzt das Gemisch in ein Longdrinkglas geben und mit Sodawasser aufgießen.
- Anschließend kurz umrühren und mit der Zitrone verzieren.

Unter Kennern auch oft beliebt ist der Gin Fizz. Er ist geprägt durch seine Aromastärke aus der Mischung von Zuckersirup und Zitronensaft.

Dieses Getränk wird besonders gerne an lauwarmen Abendstunden des Frühsommers und Frühherbstes getrunken.

Green Gin Cocktail

6 cl Gin

2 cl Zitronensaft

2 cl Zuckersirup

3 frische Scheiben Salatgurke

3 Blätter Minze

1 Schuss Apfelsaft, naturtrüb

3 Eiswürfel

- Den Gin mit den Eiswürfeln, dem Zitronensaft, Zuckersirup, Gurkenscheiben und der Minze in einen Shaker geben und durchschütteln.
- Anschließend vorsichtig durch einen Sieb in ein großes Glas mit frischen Eiswürfeln eingießen und einen Schuss Apfelsaft dazugeben.
- Nach Belieben mit Gurke und Minze dekorieren.

Auch wenn diese Gin Variante durch die Gurken und den Apfelsaft etwas exotischer klingt, gehört sie zu den beliebtesten überhaupt. Sie stellt einen richtigen Klassiker unter den Gingetränken dar und sollte auf jeden Fall getestet werden.

Cucumber Gin Tonic

4 cl Gin

8 cl Tonic Water

2 frische Scheiben Salatgurke

1 Stängel Rosmarin

3 Eiswürfel

- Schneiden Sie von einer Gurke 2 ca. 6cm dicke Scheiben herunter.
- Anschließend diese Scheiben weiter zerteilen, sodass Sie Gurkenstreifen erhalten.
- Die Gurkenstreifen zusammen mit den restlichen Zutaten in ein schönes Glas geben und mit Rosmarin dekorieren.

Diese Variante ähnelt dem Gin Fizz, braucht aber nicht ganz so viele Zutaten und ist dementsprechend etwas schneller zubereitet. Wer zwar den Gurkengeschmack in seinem Gin liebt, aber eher auf den Apfelsaft und Minze verzichten kann, der ist mit diesem Rezept gut bedient.

Aperol Gin Sour

4 cl Gin

4 cl Aperol

2 cl Zitronensaft

2 TL weißer Zucker

4 Eiswürfel

- Geben Sie alle Zutaten in einen Shaker und schütteln Sie diesen gut durch.
- Anschließend in ein Glas umfüllen

Diese Gin Variante ist wegen dem Aperol besonders bei Frauen beliebt, aber auch immer mehr Männer finden Geschmack am Aperol Gin Sour. Dieser zeichnet sich durch einen süßsäuerlichen Geschmack aus und wird gerne zu einem leichten Abendessen im Sommer getrunken.

Gin Tonic Coffee

30 ml Gin

30 ml gekühlter Kaffee

75 ml Tonic Water

3 Eiswürfel

- Gin, Kaffee und Eiswürfel in ein Glas geben.
- Danach das Tonic Water aufgießen.

Wer sich nicht entscheiden kann ob er lieber einen Gin oder Kaffee trinkt, hat mit diesem Rezept eine super Alternative. Wer noch einen längeren Abend vor sich hat, der wird durch das Koffein im Kaffee wieder etwas wacher und tankt neue Energie.

Gin Tonic Strawberry

4 cl Gin

12 cl Tonic Water

2 frische Erdbeeren

3 frische Minzeblätter

2 Eiswürfel

- Geben Sie zunächst die Eiswürfel und Minzblätter in ein Glas.
- Vierteln Sie danach die Erdbeeren und geben diese ebenfalls in das Glas dazu.
- Füllen Sie nun den Gin und das Tonic Water ebenfalls dazu.

Eine herrlich erfrischende Gin Variante für alle Erdbeerliebhaber. Ein wahrer Genuss an sommerlichen Tagen zu einem schönen Stück Kuchen im heimischen Garten.

Gin Tonic Orange

4 cl Gin

12 cl Tonic Water

2 cl Orangensaft

2 frische Scheiben Orange

3 Eiswürfel

- Geben Sie die Eiswürfel und den Gin in ein Glas
- Füllen Sie anschließend den Orangensaft und Tonic Water nach.
- Zum dekorieren eignen sich zwei frisch geschnittene Organgenscheiben ideal.

Ein weiterer Klassiker ist der Gin Orange, der auch immer wieder gerne getrunken wird. Diese Variante eignet sich gut als Aperitif und kann den Sekt ersetzen.

Gin Tonic Wildberry

3 cl Gin

1 cl Zuckersirup

1 El gefrorene Waldbeeren

12 cl Tonic Water

3 Eiswürfel

- Geben Sie zunächst die Eiswürfel und gefrorenen Beeren in ein Glas.
- Danach füllen Sie dieses weiter mit Gin, Tonic Water und Sirup auf.
- Verrühren nicht vergessen und fertig ist der Wildberry Gin.

Bei diesem Gin sind die Eiswürfel nicht zwingend notwendig, da die gefrorenen Waldbeeren bereits für die Kühle des Getränkes sorgen. Serviert wird der Gin Tonic Wildberry gerne als Erfrischung am Abend, nach einem warmen sonnigen Tag.

Blue Gin Kinley

2 cl Blue Curaçao

4 cl Gin

4 cl Ananassaft

14 cl Tonic water

3 Eiswürfel

- Geben Sie die Eiswürfel in ein Glas.
- Mixen Sie anschließend den Gin, Blue Curaçao und Ananassaft im Shaker.
- Geben Sie die Mixtur in das Glas.
- Und füllen anschließend noch Tonic Water nach.

Wer noch etwas mehr Alkohol und Süße in seinem Getränk haben möchte, sollte auf jeden Fall einmal den Blue Gin Kinley probieren. Dieser ist hervorragend für kühlere Tage und Abende geeignet und kann auch gerne mal zu einem leichten Abendessen serviert werden.

Gin Tonic Blueberry

4 cl Gin

1 EL Blaubeersirup

12 cl Tonic Water

1 EL gefrorene Blaubeeren

3 Eiswürfel

3 Minzblätter

2 Stück Limette

- Geben Sie zuerst die Blaubeeren und die Eiswürfel in Ein Glas.
- Schneiden Sie anschließend eine Limette in Viertel und geben Sie 2 davon in das Glas.
- Füllen Sie anschließen mit dem Blaubeersirup, Gin und Tonic Water auf.
- Als letzten Schritt noch die 3 Blätter Minze zur Verzierung verwenden und servieren.

Diese Gin Variante ist durch die gefrorenen Blaubeeren super erfrischend und hat einen süßlichen Geschmack. Gerne wird der Gin Tonic Blueberry am späten Nachmittag eines schönen Sommertages genossen.

Gin Tonic Limoncello

4 cl Gin

4 cl Limoncello

10 cl Tonic Water

3 Eiswürfel

2 Scheiben Zitrone

- Geben Sie zunächst den Gin und die Eiswürfel in ein Glas.
- Anschließend füllen Sie den Limoncello und das Tonic Water ein.
- Für die Dekoration eignen sich wunderbar zwei dünne Scheiben Zitrone.

Besonders bei Italienern ist diese Variante des Gin wegen des Limoncello beliebt. Mit dem süßlich sauren Geschmacks punktet der Limoncello Gin Tonic vor allem an warmen Abenden mit gediegener Lounge Musik und guten Freunden.

Chicco Pick Up Gin

4 cl Zitronensaft

2 cl trockener Wermut

2 cl Gin

1 Schuss Angostura

1 TL Zuckersirup

3 Eiswürfel

1 Schuss Mineralwasser

- Geben Sie den Wermut, Zitronensaft, Gin, und Zuckersirup in einen Shaker und mixen Sie anschließend durch.
- Nun alles in ein Glas umfüllen, die Eiswürfel hinzugeben und den Schuss Angostura sowie Mineralwasser beimischen.

Die Mischung aus saurem Zitronensaft und süßem Zuckersirup macht diesen Gin zu etwas ganz besonderem. Der Chicco Pin Up Gin stellt sicher keinen Klassiker unter den Gin Varianten dar, sollte aber nicht außen vor gelassen werden. Testen Sie ihn doch gerne einmal zu ein paar Snacks an der Bar oder vor dem heimischen Fernseher.

Gin Tonic Garden

2 cl Gin

2 EL Sirup

12 cl Tonic Water

Frische Birnenschnitze

Frische Gurkenstreifen

3 Eiswürfel

- Schneiden Sie zunächst eine Birne in 4 Teile und würfeln Sie eines dieser 4 Teile nochmals.
- Schneiden Sie anschließend die Gurke in ca. 6cm dicke Streifen und geben Sie diese zusammen mit den Birnenwürfeln in ein Glas.
- Füllen Sie dieses danach weiter mit Eiswürfeln, Gin und Tonic Water auf.
- Der Zuckersirup kommt zum Schluss und sollte den anderen Zutaten untergemischt werden.

Wer bereits den Klassiker, den Gin mit Gurke gerne trinkt, der sollte diese Variante mit Birne auch einmal versuchen und als nette Abwechslung heranziehen. Mit dieser Variante werden Sie bei Ihren Freunden bestimmt einen erstaunten Ausruf ernten, wenn Sie den Gin nicht nur mit Gurke sondern auch mit Birne servieren.

Gin Aperol Lemon

4cl Gin

5cl Aperol (eisgekühlt und trocken)

4 frische Zitronenscheiben

4 kleine Rosmarinblätter

1 TL Zucker

- Zitronen halbieren, mit den Schnittflächen nach unten auf dem heißen Backblech bei 200 Grad Umluft ca. 8 Minuten backen.
- Abkühlen lassen, dann auspressen und durch einen Sieb fließen lassen.
- Zupfen Sie den Rosmarin von den Zweigen und geben Sie ihn zusammen mit dem Zucker zusammen in eine Schüssel.
- Mahlen Sie diese Mischung so lange, bis der Rosmarin zu duften beginnt.
- Anschließend Gin, Aperol und den zermahlenen Rosmarin in ein Glas geben.
- Nun den gesiebten Zitronensaft dazu geben.

Dieses Rezept ist zwar etwas aufwendiger zuzubereiten als die bisherigen, dennoch punktet es besonders beim Weiblichen Publikum. Der Gin Aperol Lemon ist ein ideales Getränk für jede Party, wird aber auch gerne an einem schönen Nachmittag auf der Terrasse oder an warmen Abenden getrunken.

Gin Tonic Rasp and Basil

4 cl Gin

12 cl Tonic Water

1 Blatt Basilikum

1 TL gefrorene Himbeeren

1 frische Zitronenscheibe

3 Eiswürfel

- Befüllen Sie ein Glas mit den Eiswürfeln und den gefrorenen Himbeeren.
- Geben Sie anschließend das Tonic Water und den Gin dazu.
- Verzieren Sie nun das Ganze mit einem Blatt Basilikum und einer Zitronenscheibe.

Ein weiterer wunderbarer Sommer Gin ist der Gin Tonic Rasp and Basil. Sie punkten hierbei besonders, wenn Sie das Basilikum aus dem Hauseigenen Garten pflückten und oben schön auf der Getränkeoberfläche platzieren.

Tuscan Hill Gin Tonic

5 cl Gin

2 cl Pfirsichpüree

1 Schuss Zitronensaft

12 cl Tonic Water

3 Eiswürfel

2 Grapefruitstücke

- Schneiden Sie zunächst das Grapefruitinnere in kleine Stückchen und geben Sie 2 davon zusammen mit den Eiswürfeln in ein Glas.
- Anschließend folgen der Gin, das Pfirsichpüree und das Tonic Water.
- Zum Schluss nur noch eine Zitrone über dem Glas leicht auspressen (Ein Schuss reicht).

Super exotisch und außerordentlich erfrischend ist der Tuscan Hill Gin Tonic. Charakterisiert wird er durch die Mischung aus Pfirsichpüree, den Schuss Zitrone und die Grapefruitstücke. Wer eine erfrischende und fruchtige Abkühlung sucht ist mit dieser Gin Variante gut beraten.

Summer Mule

4 cl Gin

1 cl Zitronensaft

2 cl Holundersirup

2 Stück frische Salatgurke

Ein Schuss Ginger Ale

2-3 Minzeblätter

3 Eiswürfel

- Eine Gurke in Stücke schneiden und zwei davon in einem Glas vorsichtig zerdrücken.
- Den Rest der Zutaten darüber geben und das Ganze mit den Minzblättern dekorieren.

Nicht zu verwechseln mit der klassischen Moscow Mule ist die Summer Mule. Hier wird nicht wie gewohnt Vodka, sondern Gin verwendet. Dies stellt eine nette Abwechslung für alle Moscow Mule Liebhaber dar. Super erfrischend, wird die Summer Mule, wie der Name schon verrät am liebsten im Sommer serviert. Genießen Sie dieses herrliche Getränk an einem warmen Sommer Nachmittag zu einem saftigen Stück Kuchen.

Gin Basil

4 cl Gin

2 cl Limettensaft

2 frische Stück Limette

3 Eiswürfel

6 frische Blätter Basilikum

- Geben Sie alle Zutaten in einen Shaker und mixen Sie ordentlich durch.
- Füllen Sie neue Eiswürfel in ein Glas.
- Nehmen Sie einen Sieb und lassen das Gemisch aus dem Shaker durch diesen laufen.
- Dekorieren Sie im Anschluss das Getränk noch mit ein paar weiteren Basilikum Blättern.

Dieses Getränk kann sowohl zu Herzhaften als auch zu süßen Speisen serviert werden. Egal in welcher Jahreszeit, der Gin Basil findet immer Anklang.

Green Birdie

3 cl Gin

2 cl Curaçao

2 cl Limettensaft

8 cl Maracujasaft

4 Würfel Eis

Nach Belieben Prosecco.

- Geben Sie zunächst die Eiswürfel in ein Glas und befüllen dieses anschließend mit den restlichen Zutaten.
- Wenn Sie möchten können Sie additional noch etwas Prosecco dazugeben.

Der Green Birdy kann nicht nur nach einer erfolgreichen Golfrunde getrunken werden, sondern natürlich auch einfach an einem schönen Abend im Freien. Genießen Sie die Mischung aus Maracujasaft und Limettensaft, gepaart mit Gin. Nach Belieben können Sie noch etwas Prosecco auffüllen.

Gin Tonic Lillet

4 cl Gin

4 cl Lillet Blanc

2 Zweige Basilikum

12 cl Tonic Water

Ein Spritzer Zitrone

- Geben Sie den Gin, das Tonic Water, und den Lillet in ein großes Glas.
- Schneiden Sie anschließend die Zitrone in zwei Hälften und drücken Sie eine davon leicht über dem Glas aus.
- Verzieren Sie Ihren Lemon Basil Gin noch mit ein paar Basilikum Blättern.

Dieses Getränk ist durch den Lillet sehr beliebt bei Frauen, aber auch immer mehr Männer finden Geschmack an dieser Gin Variante. Idealerweise servieren Sie diese Gin Variation bei einem schönen Gartenfest mit Freunden oder einer gemütlichen Fernsehrunde mit ihren Liebsten. Passend dazu können Sie Knabbersachen anbieten. Sollten Sie dieses Getränk am späten Nachmittag trinken, eignet sich auch ein leckeres Stück Kuchen.

Gin Tonic mit Grapefruit und Rosmarin

6 cl Gin

16 cl Tonic Water

1/2 Grapefruit

1/4 Bund Rosmarin

3 Eiswürfel

- Halbieren Sie eine Grapefruit und pressen Sie diese über einem Glas aus.
- Geben Sie anschließend die Eiswürfel, den Gin und das Tonic Water dazu.
- Einige Ästchen Rosmarin runden das Ganze perfekt ab.

Rosmarin ist sicher nicht jedermanns Sache, weswegen dieser Gin nicht zu Klassikern zählt. Liebhaber wissen, den besonderen Geschmack, der aus dem Grapefruitsaft und dem Aroma des Rosmarins entsteht aber durchaus zu schätzen. Probieren Sie dieses Getränk doch daher einfach mal aus, sollten Sie es noch nicht kennen.

Gin Tonic mit Zimt und Orange

4 cl Gin

12 cl Tonic Water

1/2 Bio Orange

1 Zimtstange

3 Eiswürfel

- Geben Sie die Eiswürfel zusammen mit dem Tonic Water und Gin in ein Glas.
- Vierteln Sie anschießend eine Bio Orange und drücken Sie danach eines davon über dem Glas aus.
- Nehmen Sie ein Zimtstange und zerteilen diese in kleine Stückchen bevor Sie diese in das Glas dazu geben.

Der zimtige Geschmack erinnert viele Gin Liebhaber an die Weihnachtszeit, weswegen diese Gin Variation besonders dann punktet. Servieren Sie den Gin Tonic mit Zimt und Orange beispielsweise als Apparativ vor dem

Weihnachtsmahl oder zu gemütlicher Stunde vor dem kuschelig warmen Kamin.

Gin Tonic mit Apfel und Thymian

4 cl London Dry Gin

12 cl Tonic Water

2 Schnitze Granny Smith Apfel

2 Zweige Zitronenthymian

4 Eiswürfel

- Vierteln Sie einen Granny Smith Apfel und geben Sie zwei Viertel davon zusammen mit dem Gin und Tonic Water in ein Glas.
- Stecken Sie den Zitronenthymian mit in das Glas und warten Sie ein paar Minuten ab, bis sich der Geschmack entfaltet hat.

Wie die vorherige Gin Variante ist auch das Apfel Thymian Gin Rezept besser für die kalte Jahreszeit geeignet. Genießen Sie Ihr Getränk auf der gemütlichen Couch oder auch zu einem leckeren Stück Gebäck.

Gin Tonic mit Szechuan Pfeffer und Gurke

6 cl Gin

12 cl mildes Tonic Water

5 Gurkenstreifen

1 TL Szechuan-Pfeffer

3 Eiswürfel

- Geben die Eiswürfel in ein Glas.
- Befüllen Sie dieses nun auch mit Tonic Water und dem Gin.
- Schneiden Sie eine Gurke in Streifen und stecken 5 davon ebenso in das Glas.
- Treufeln Sie vorsichtig etwas Szechuan-Pfeffer dazu.

Diese Gin Variante ist für jeden geeignet, der es etwas schärfer mag und der die Gurken in seinem Gin nicht missen will. Der spezielle Szechuan-Pfeffer gibt dem ganzen eine ganz besondere Note, die Sie auf jeden Fall herausschmecken werden. Seien Sie deswegen anfangs erst etwas zaghaft mit der Beimischung des Pfeffer und probieren Sie lieber erst einmal, ob der Pfeffergehalt für Ihren Geschmack eventuell nicht schon ausreichend ist.

Gin Tonic mit getrockneter Birne und frischer Minze

4 cl Gin

12 cl mildes Tonic Water

4 Blätter frische Minze

1/2 reife getrocknete Birne

2 Eiswürfel

- Halbieren Sie eine Birne und legen die beiden Scheiben bei 60 Grad für ca. 10min bei Umluft in den Backofen. Je nachdem wie trocken Sie es mögen, können Sie die Trocknungszeit variieren.
- Geben Sie anschließend, das abkühlte Stück Birne zusammen mit den restlichen Zutaten in ein Glas.
- Zur Dekoration dienen einige Blätter Minze.

Diese Gin Variation ist ein wenig aufwendiger als die anderen, und eignet sich daher besonders für Festlichkeiten, bei denen Sie ein wenig

Vorbereitungszeit haben. Probieren Sie aber unbedingt vorher, wie trocken Sie die getrockneten Birnenstücke mögen um Überraschungen durch zu lange Backzeiten zu vermeiden.

Gin Tonic mit Mediterranean Water und Rosmarin

6 cl Gin

18 cl Tonic Water

2 Rosmarinzweige

1 Sprizter Zitrone

1 Prise Fleur de Sel (oder herkömmliches Salz)

2 Eiswürfel

- Geben Sie zunächst die Eiswürfel und anschließend die anderen Zutaten in ein Glas.
- Treufeln Sie eine Prise Fleur de Sel in das Getränk und geben einen Spritzer Zitronensaft dazu.

Sollten Sie kein Fleur de Sel zuhause haben, können Sie auch gerne normales Salz verwenden. Das Fleur de Sel gibt dem ganzen Getränk aber eine spezielle Note, die Kenner zu schätzen wissen. Servieren Sie dieses Getränk zu einem würzigen Essen um einen guten

Kontrast zu erzeugen und Ihre Geschmacksknospen zu verwöhnen.

Gin Tonic mit getrockneter Orange und Rosmarin

4cl Gin

12 cl Tonic Water

1 Bio Orange

1 Zweig Rosmarin

3 Eiswürfel

- Nachdem die Eiswürfel in ein Glas gegeben wurden, können Sie auch die restlichen Zutaten hinzugeben.
- Bei der Orange können Sie wahlweise kleine Orangenscheiben beimischen oder die Orange über dem Glas ausdrücken.
- Stecken Sie am Ende noch einen Zweig Rosmarin in das Glas.

Der Rosmarin gibt dem ganzen Getränk eine spezielle und besondere Note. Sollten Sie den Rosmarin nicht herausschmecken können, so stecken Sie einfach noch einen weiteren Zweig in das Glas. Serviert werden kann der Rosmarin

Orange Gin gut zum leichten Mittag und Abendessen.

Gin Tonic mit Yuzu Saft und Arabica Bohnen

4 cl Gin

12 cl Tonic Water

1 TL Yuzu Püree

3 Arabica Espresso-Bohnen

1 TL Mango-Balsamico

1 Spritzer Zitonensaft

- Geben Sie zunächst die Eiswürfel, den Gin und das Tonic Water in ein großes Glas.
- Mischen Sie anschließend das Yuzu Püree, den Balsamico und die Bohnen unter.
- Zum Schluss fehlt noch ein Spritzer Zitronensaft um das ganze abzurunden.

Dieses Getränk ist ein richtiger Exot, genießt aber hohe Anerkennung bei den Liebhabern. Die Mischung aus Arabica Bohnen, Balsamico und Yuzu Püree erzeugt einen ganz speziellen charakteristischen Geschmack her, den Sie in jedem Fall einmal testen sollten. Probieren Sie diese Gin Variante als Alternative zum nachmittäglichen Kaffee.

Gin Tonic mit Erdbeeren und Balsamico Float

4 cl Gin

12 cl Tonic Water

5 reife, frische Erdbeeren

3 cm Ingwer

1 TL Balsamico

1 TL weißer Zucker

1 Spritzer Zitrone

4 Blätter Basilikum

- Geben Sie zunächst den Basilikum, den Zucker, Balsamico und die Erdbeeren in eine Glas.
- Rühren Sie mit einem Holzstick ordentlich durch.
- Befüllen Sie nun das Glas weiter mit den restlichen Zutaten und dekorieren Sie das Ganze mit dem Ingwerstück.

Last but not least, möchte ich Ihnen dieses wunderbare Rezept vorstellen. Bei weitem kein Klassiker, vielmehr ein Unterschätzer Underdog ist der Gin Tonic mit Erdbeeren und Balsamico Float. Hierfür müssen Sie zwar etwas mehr Zutaten aufwenden als bei einem klassichen Gin Tonic, es lohnt sich aber, glauben Sie mir. Wenn Sie sich etwas ganz besonderes gönnen möchten, dann wäre das meine erste Wahl. Testen Sie ihn doch einfach mal aus, vielleicht wird die Gin Variation ja bald zu Ihrem Liebling?

Schlusswort

Lieber Leser,

ich hoffe Ihnen hat die Reise durch die Geschichte und Herstellung des Gins gefallen und Sie haben viele leckere Gin Rezepte kennengelernt.

Sollte Ihnen dieses Buch gefallen haben, würde ich mich freuen, wenn Sie es Ihrer Familie und Freunden weiterempfehlen würden.

Über eine Ehrliche Rezension auf Amazon würde ich mich ebenfalls sehr freuen.

Auf folgender Seite können Sie sich für mein kostenloses E-Book eintragen. Darin erhalten Sie weitere Informationen über leckere Drinks und viele weitere Rezeptideen.

Um das E-Book zu erhalten, gehen Sie einfach auf Folgende Seite:

https://mailchi.mp/6ecf30beba83/ginlover

Ich wünsche Ihnen weiterhin alles Gute, gediegene Abende und genussvolle Drinks.

Bis bald,

Ihr Mark Russell

P.S. In den Anmerkungen finden Sie noch einige Empfehlungen und Links, die für Sie interessant sein könnten.

Anmerkungen

Hier ist nochmal der Link zum kostenlosen E-Book mit vielen weiteren Informationen zu Longdrinks und Rezeptideen:

https://mailchi.mp/6ecf30beba83/ginlover

Meine gute Freundin Veronika Krieger, hat sich sehr mit dem gesunden Lebensstil auseinander gesetzt und ein Buch über eine gesunde Ernährung geschrieben. Ich persönlich finde es sehr wichtig, mich ausgewogen und gesund zu ernähren. Natürlich gönne ich mir auch immer mal wieder ein genussvolles Glas Gin, habe dabei aber ein gutes Gefühl, da ich mich ansonsten sehr gesund ernähre. Aus diesem Grund kann ich Ihnen dieses Buch sehr ans Herz legen.

Hier ist ein direkter Link zur Amazon Seite:

https://amzn.to/2pFFwjU

Platz für Notizen

Printed in Poland
by Amazon Fulfillment
Poland Sp. z o.o., Wrocław

72142675R00058